Die Reise des Mantao

Die Reise des Mantao

C. M. Christian

hermanes **T.**

hermanes T. verlag
Christa Siegert
Gnostische Urtexte –
Märchen: Deutung und Dichtung

D-75385 Zavelstein

Erstauflage 1994
ISBN: 3-925072-05-5
Illustration: C. M. Christian
Alle Rechte vorbehalten

Satzwerkstatt Manfred Luz, 75387 Neubulach
Druck und Bindung FVA GmbH, 36037 Fulda

Woher kommst du?
Warum bist du da?
Wohin gehst du?

An einem frühen Morgen,
als noch das Land im Taugewand
wie eine Braut im Schleier lag
und in Myriaden Perlen
die Sonne widerstrahlte,
lustwandelten
mein Vater-König *Man*
und ich, sein Sohn *Mantao*,
durch den Garten.

Wie freuten wir uns
an dem Duft
und an der Pracht der Blumen,
die zart erwachten!

Und dort,
wo in des Gartens Mitte
der Brunnen silberhell
die Quelle trägt,
blieben wir stehn
und lauschten
dem Jubellied der Vögel
in einem alten Baum.

So mächtig alt ist jener Baum,
daß niemand seine Jahre zählt,
und schon vom Urbeginne an,
so geht die Sage,
steht er in Kraft.

Wir weilten vor dem Baum,
und ich sann seinem Rätsel nach
in einfältigem Denken
und sprach:

„Sag an, mein lieber Vater,
was ist Zeit?"

Doch Man, mein Vater-König, schwieg.

Ich gab nicht nach
und fragte noch einmal:

„Sag mir, ich bitte dich, mein Vater,
was ist Zeit?"

Doch wieder schwieg mein Vater still,
als wünschte er die Frage ungetan.

Ich aber ruhte nicht
und fragte ihn
in kindlichem Beharren
zum dritten Mal:

„Es nicht zu wissen, quält mich, Vater.
Ist's ein Geheimnis, sag es mir.
Ich *muß* es wissen:
Was ist Zeit?"

Da streift ein Schatten
meines Vaters Stirn –
den wischt er fort.
Dann hebt er mild die Hand
und weist zum alten Baum.

„Wenn du, mein Sohn,
es wissen willst,
dann hole mir zuerst
vom Gipfel dieses Baums
die schönste Frucht!"

Mit frohem Mut, voll Eifer
lief ich zum Stamm
– wie war er doch gewaltig! –
und machte mich sogleich daran,
ins Laub hinaufzusteigen.

Welch eine Stille ringsumher!
Ich fühlte ein Geheimnis mich umweben
und Wunder mich umschweben.
Die Vögel hielten inne im Gesang.
Die Blätter flüsterten nicht mehr.
Vom Aste tropften goldne Tränen,
und in den Zweigen
hing ein schweigend Beben.

So stieg ich durch des Laubes Fülle
höher und immer höher –
ein weißes Täubchen folgt' mir
leise gurrend hinterher –
bis ich im Wipfel über mir
die herrlichste der Früchte fand.

Ihr Duft war lieblich.
Ein golden praller Apfel
schien sie mir
und unvergleichlich schön,
so daß ich staunend
meine Hand nach ihr
nicht auszustrecken wagte.

Da – plötzlich –
über meinem Kopf
hör' ich ein Lispeln.
Ich recke mich danach und seh
das Ringeln eines Schlängleins,
sich selbst umwindend.
„Laß dir geraten sein",
so spricht's,
„eh du die Frucht zum Vater bringst,
tu einen Biß hinein!
Dann weißt du alles,
was du wissen willst –"

Ich hörte hin gebannt.
Doch als ich seinen Schatten
fühlt' auf meinem Haupt,
sprach ich:
„Zuerst will ich sie bringen meinem Vater –"

„Du Narr!" sagte das Schlänglein.
„In dieser Götter-Frucht
steckt das Geheimnis *Zeit*!
Er wird dir's vorenthalten.
Drum – willst du's kennen – beiß hinein!"

Da zitterte mein Herz.
Und eine Gier erfaßte mich,
wie ich sie nie zuvor gekannt.
Ich greife nach der Frucht
– hör' noch, wie's Täubchen gurrend klagt –
und halte bebend sie in meiner Hand –
Dann – tu ich einen Biß hinein –
Oh weh!
Sie glitt aus meiner Hand, entrollte mir.
Und – wie vom Blitz getroffen –
verlor ich meinen Halt
und stürzte –

Mir war, als fiel' ich
durch des Brunnens tiefen Schacht
in einen Abgrund –

Als ich erwacht',
war alles hart und dunkel um mich her.

Fort war das Licht.
Verschwunden war die Pracht.
Verloren war
das leuchtende Gewand, die Kron' –
vergessen war
das Königreich
von Vater – Mutter – Sohn –
verschlossen war mein Sonnenaug' –
um mich war kalte Nacht.

Auf allen Vieren kroch ich so
von Stein zu Stein,
von Strauch zu Strauch.

„Schau an!"
vernahm ich plötzlich eine Stimme.
„Schau an! Ein neuer Gast in unsrem Reich!"
„Wo bin ich – ?" fragt' ich,
der wie ein Kriechtier
bang im Staube saß.
Die Riesen-Schildkrott
kam aus ihrer Höhl' gekrochen
und sprach zu mir:

„Du bist im Reich des Herrschers
mit den zwei Köpfen.
Und der hat seine Macht
mit Ja und Nein,
mit Ei! und Ach!
auf Tag und Nacht gestellt...

Komm, folge mir, mein Sohn,
damit ich dich ein wenig weise
auf deiner Reise durch die Welt."

Brav folgte ich der Schildkrott
durch den Staub.
Und sie erklärt' mir viele Dinge:

„Heb hoch den Kopf!
Siehst du die Lampe dort?
Die ist von jetzt an deine Sonne.
Zwar leuchtet sie dir nur am Tag,
wenn sie von Wolkenschafen nicht verdeckt.
Auch brennt sie dir auf's Fell,
wenn Zornesglut sie packt.
Doch ist sie Sonnensonnes Spieglein
und gibt den Erdenwesen
für eine Weile
Kraft und Augenschein.
Drum mußt du dankbar sein.
Denn ohne sie bist du verloren.

Und schau,
des Nachts erhellt dort oben
ein kleiner Silbertropf die Welt:
der Mond.
Er bindet dich ins Netz der Träume,
aus buntem Sinnengarn gesponnen,
damit in Weh und Wonnen
dir deine Sehnsucht
ja kein Ende findet.

Und dort – in stiller Pracht,
in dem Gewand der Königin der Nacht,
die funkelnden Juwelen –
das sind die Sterne.
Sie ziehen dich mit kühler Hand
an ihren Fäden auf und ab
im Weltenreigen, nah und fern,
um deinem Sehnen einst – vielleicht –
den Weltensinn zu zeigen."

Noch viele Dinge lehrt' sie mich,
die alte Schildkrott,
weise Wächterin im Reich
des Herrschers mit dem Doppelkopf.
Und auf und nieder folgt' ich ihr
auf ihrer Spur,
von Tag zu Nacht, von Nacht zu Tag,
damit ich laufen lernte
im Zirkelgang der Weltenuhr.

Doch eines Tags
hatt' sie das Zeigen satt.
Sie ließ mich stehn
und kroch in ihre Höhle.

Ich sollte selber sehn – !

Mir war das recht.
Und fortan trollt' ich mich
allein des Wegs.

Doch bald schon merkte ich,
daß heimlich ich verfolgt ward
Schritt um Schritt –

Zwei seltsame Gesellen
umtanzten mich
mit Spott und Neckerei,
mit Schmäh und Schmeichelei.
Sie trieben arg ihr Spiel mit mir
und seufzten *Ach!* und lachten *Ei!*

Mir schien's,
als wollten sie mich fangen,
führten sie doch
an langen Stangen
ein jeder einen Spiegel
mit *Ach!* und *Ei!*
an meiner Nas' vorbei.

„Schau hin! Sieh her!
Ei ei! – Ach ach!"
so lockten sie.

Und ich gab nach
und ließ mich fangen.
Mit allen meinen Sinnen
blieb ich hangen
in diesen Spiegeln *Ei!* und *Ach!*

Schaute ich in den *einen* hinein,
sah ich mich liegen
in einer Wiegen
beim Mütterlein.
Und Kinder spielten
im Sonnenschein
mit Schmetterlingen
auf Blumenwiesen –
Ei!

Schaute ich in den *andern* hinein,
war ich umgeben
in dunkler Nacht
von finsteren Buben,
die Knüppel trugen
und um sich schlugen,
bis sie mich umgebracht,
und hörte meinen Todesschrei –
Ach!

Hier saß ich am Brunnen,
wo liebliche Mädchen
die Krüge füllten
und lachend mich lockten,
mit ihnen zu trinken –
Ei!

Dort war ich inmitten
ermatteter Greise,
die hilflos sich quälten,
am Stocke hinkend
verlassen und elend
zu Grabe sich schleppten –
Ach!

Hier stand ich als Fürst
unter Fürsten und Damen
in prunkvollen Sälen,
betrank mich an Ruhm
und Reichtum und Macht
wie an süffigem Wein –
Ei!

Dort kniet' ich mit Krüppeln
und greinenden Bettlern,
von Armut geplagt,
von Aussatz zernagt
auf marmornen Stufen
vor reichen Palästen
der Damen und Herren –
Ach!

Hier lebt' ich im Bunde
mit bravem Weib.
In froher Runde
die Mädchen, die Buben,
welch Glück der Familie,
welch friedvoller Segen –
Ei!

Dort mußt' ich verlassen
all meine Habe
und fliehn durch die Tore
der brennenden Stadt
mit klagenden Weibern
und weinenden Kindern,
dem Feind in die Arme –
Ach!

Hier war ich Gelehrter
unter Gelehrten
und huldigte der Wissenschaft
und raffte an mich,
was da war an Klugheit,
Ruhm und Wissenswonnen –
Ei!

Dort lag ich im Sumpf
der Leidenschaften,
wo Lust das Laster,
Sucht die Sünde
und Angst vor Strafe
das Böse mästen,
Leid, Krankheit und Tod –
Ach!

Hier war ich ergriffen
vom Wunder der Welten,
vom Schöpfer der Natur
und ihrer Vielfalt Pracht,
vom Spiel der Elemente
und unersättlichem Lebensdrang –

Dort hauchte mich an
die Ohnmacht der Geschöpfe,
die Not der Kreatur,
Zerfall, Verwesung, Untergang
und unausweichlich der Tod –

Hier fand ich Kunst
und gewaltige Werke,
von Menschenstirn genial erdacht,
von Menschenhand genial gemacht,
aus allen Völkern Zeugen
von blühender Kultur –

Dort tat sich auf
der Bosheit Höllengrund,
der Falschheit Werk,
die Welt der Lüge,
das Reich der Gier,
die Macht des Wahns –

Hier fand ich Spur
von erstem Frühlingsgrün,
von Glaube,
Hoffnung,
Liebe –

Dort starrt mich Kälte an,
der nackte Neid,
Schein-Heiligkeit,
Haß, Unrecht, Grausamkeit,
der Krieg
und Sklaverei…

Wie lang
ich ziellos wanderte
im Rad der Weltenuhr
mit *Ach!* und *Ei!* – ?
Ich weiß es nicht!

Wie oft
ich in den Speichen hing,
hinauf, hinab,
von Wiege zu Grab,
vom Grab zur Wiege,
hinab, hinauf
im irren Lauf – ?
Ich weiß es nicht!

Nur eines weiß ich,
daß ich gefangen war
im Spiegelspiel
der Zwillingsmacht
des Herrschers
mit den zwei Köpfen.

Was immer ich erfuhr
an Lust und Leid,
es war ein Trugbild nur,
ein Wahn im Spiegel,
der kam und ging,
um mich mit neuem Wahn zu trügen,
der kam und ging.

Doch eines Tages hatte ich genug.

Genug vom Wahn.
Genug vom Auf- und Niederwandern
im Rad der Weltenuhr.
Genug vom Wechselspiel
mit Ei! und Ach!
mit Ja und Nein,
Geburt und Tod,
und Tag und Nacht...

Ich wollte mich befreien
von dieser Zwillingsmacht.

Und dann geschah's:
Inmitten einer Nacht
der innern Not,
als hell wie nie
die Sterne flammten über mir,
da ging ich in die Knie.

Aus meinem Herzensgrund
stieg eine Flamme auf,
ein glühend Sehnen.
Und eine Stimme sprach zu mir
ganz zart und leis:

„Hast du mich schon vergessen,
den *Anderen* in dir,
den Vater – Mutter – Sohn,
sein strahlend Königreich?
Hast du denn ganz vergessen
das Lichtgewand, die Krone,
den Brunnen
und den alten Baum,
den reinen Glanz
im grenzenlosen Raum…?"

Als ich dies hörte,
weinte ich bitterlich.

Und als ich ganz verzweifelt
die Tränen so vergoß,
da fühlte ich im Rücken
– plötzlich –
sanft einen Stoß.

Ich wendete mich um –

Ein kleiner Esel war's,
mit treuen Augen,
heller Stirn
und einer Blume in dem Maul.
Die legt' er vor mich hin
und sprach:

„Laß mich dir helfen, Menschenbruder,
auf deinem Weg nachhaus –"

„*Nachhaus* – ?
So weißt du,
daß ich hier in dieser Welt
ein Fremdling bin?"
sprach ich erstaunt.

„Du bist ein Fremdling hier
und willst zurück
ins Königreich
zu deinem Vater –
Doch – weißt du auch,
warum du hier bist – ?"

„Ich weiß es nicht", gestand ich leis.

Der Esel legt' die Ohren an:
„Du hast verloren ein herrlich Ding.
Das mußt du erst noch finden,
eh du zurück zum Vater kehrst –"

„Ich hab verloren ein herrlich Ding?"
rief ich verwundert.
„Wie sieht es aus?"

„Die einen nennen's
Stein der Weisen,
die andren *Perle*,
und wieder andre nennen's
die *goldne Himmelsfrucht* –"

„O, laß uns suchen diesen Schatz!"
rief ich in meinem Herzensbrand.

„Gut. Laß uns gehn!" sprach er.

Und noch zur selben Stunde
wandten wir uns gegen Osten
und zogen durch ein kleines Tor
in einer hohen Mauer
in weites, offnes Land.

So brachen wir gemeinsam auf.

Als wir ein gutes Stück
durchs weite Land gepilgert waren,
ragt' einsam vor uns auf
ein hoher Fels.
An seinem Fuß im Schatten
saß ein uraltes Weib
am silberklaren Quell.

Ich neigte mich vor ihr
mit stillem Gruß.

Sie sah mir scharf ins Auge.

Dann zog sie einen Becher vor,
füllt' ihn am Quell
und sprach:

„Wer tief sinkt,
muß hoch steigen.
Wer hoch sich dünkt,
muß tief sich neigen.
Wer hängt im Rad,
den fängt die Zeit.
Wer lenkt zur Mitte,
findet Ewigkeit."

Sie reichte mir den Becher:

„Trinke, mein Herz,
bis auf den Grund.
Am Lebenswasser trink dich gesund.
Lösch allen Wahn.
Still alle Not.
Dem Licht gib Bahn.
Kehr heim zu Gott!"

„Hab Dank!" sprach ich
und trank in tiefen Zügen
vom wunderbaren Quell,
der gleich mein Herz erfrischte,
mein Haupt belebte
und meine Glieder stärkte.

Auch mein Gefährte labte sich.

„Behalt den Becher",
sprach die Alte
„und bewahre ihn gut.
Wann immer du dürstest
in reinem Verlangen,
trinke,
und du wirst Kraft empfangen.
Hab Mut und geh
mit Gottes Segen –"

Mit Dank und Freude
nahm ich entgegen das Geschenk.

Und weiter zogen wir
auf unsrem Weg nach Osten.

Alsbald erreichten wir
ein hoh' Gebirg
mit wilden Schluchten,
Wasserfällen
und vielen Höhlen.

Wir stiegen auf
durch kahle Klüfte,
bis wir erschöpft und matt
zur Rast uns niederließen
im Schatten einer Höhle.

Ein seltsam' Winseln, Weinen, Klagen
erreichte unser Ohr
vom Inneren der Höhle her.
Doch waren wir zu müde,
dem Rätsel nachzugehn.

Wir ruhten noch nicht lang,
da sprang aus dem Gesträuch
ein kleiner Wicht
mit finsterem Gesicht
und sammelt' heimlich flink
aus einem Felsversteck
Juwelen und Dukaten
in einen großen Topf.

Den zog und zerrte er
mit arger Müh
ins dichteste Gestrüpp.

„Soll ich dir helfen?" rief ich.
Da fing der kleine Wicht
gleich böse an zu schreien:

„Nur Diebsgesindel kommt an diesen Ort,
um mir mein Gut zu stehlen!
Packt euch nur eilends von hier fort,
sonst sollt ihr meine Klaue fühlen!"

„Gemach, du Zwerg", sprach ich,
„dein Gold, das lockt uns nicht!
'S ist uns zu hart und stumpf.
Weit besserm Schatz suchen wir nach.
Doch der ist nichts für dich –"

Da kratzte sich der Wicht
und kam zwei Schritt' an uns heran:
„Wär's möglich – ?" schnaubte er,
und seine Äuglein funkelten begehrlich,
„habt ihr wohl gar
den *Stein der Weisen* im Visier – ?
Den kenn' ich wohl –"

„Vom Hörensagen kennt ihn jedermann",
gab lachend ich zurück.
„Doch wer ihn finden will,
muß *solchem* Golde da
und seiner Macht entsagen – !"

Da streckte sich der Wicht,
so hoch's nur ging,
und schrumpfte doch.

Verächtlich zuckte sein Gesicht:
„Das sind nur Ammenmärchen!
An so was glaub ich nicht – !"

Da – plötzlich
drang das Jammern wieder an mein Ohr,
und ich besann mich:
„Sag' an, du Zwerg", sprach ich zu ihm,
„was ist das für ein Winseln in der Höhle?"

„Was geht's dich an!" faucht' er zurück,
„und wenn es hunderttausend Seelen wären,
's geht dich nichts an!"

Damit verschwand er voller Wut
mit blankem Hufe stampfend
im Gebüsch.

Als ich den Bocksfuß sah,
da ahnt' ich wohl,
was in der Höhle war.
Und brennend Mitleid
führte mich drei Schritt'
ins Höhleninnere hinein.

Es war so finster dort,
ich konnt' nicht viel erkennen.
Mir war, als sähe ich
weit drinnen
im Flackern einer Kohlenglut
ein großes Netz,
darin in Jammerqual verstrickt
viel tausend Vögel hingen.

Der innern Stimme folgend,
zog ich den Becher vor
und fand voll Freude
einige Tropfen drin.
Die träufelt' ich geschwind
in jene Höllenglut hinein.

Dann lief ich fort mit meinem Eselein.
Und lang noch tönt' uns in den Ohren
aus jener Höhle nach
ein dampfend Zischen, Pfeifen und Rumoren.

Als wir auf Berges Rücken waren,
hörten wir über uns,
im Wolkengrau von Rauch umhüllt,
den wilden Flügelschlag
und stürmisches Gekrächz
kohlschwarzer Vogelscharen...

Sie war'n befreit vom Höllennetz,
die armen Seelen –
Ob sie wohl jetzt den Himmel wählen?

Viel Tage war'n wir schon gestiegen,
mit Sonn' und Mond und Sternen im Geleit,
stets immer höher im Gebirg',
das mächtig weit
in dunstig graue Fernen sich erstreckte,
als wir auf eine Ebene gelangten,
die endlos, grau und nackt
wie eine Wüste mir erschien.

Die Sonne goß ihr Feuer
kochend vor Zorn herab,
und weder Pflanze, Tier noch Mensch
war irgendwo zu sehen.

Ein breiter Graben nur,
trostlos und öd,
zog endlos weit sich durch den Sand.

Unzählige Skelette
war'n drin verstreut,
als wie von Fischen oder See-Getier,
die glänzten in der Mittagsglut.

Doch dann entdeckten wir
im hartgebacknen Schlamm
ein altes Boot.

Ich traute meinen Augen kaum,
als da im Boot
ein kleines Wesen saß,
ganz zart und fein,
das uns empfing
mit offnen Händen:

„Wie gut,
daß ihr gekommen seid!
Die Große Feuerfrau
hat unsren Fluß getrunken
und unser Land verbrannt!
Nur ich allein bin da
und harre auf ein Wunder.
Könnt ihr mir helfen – ?"
sprach's voll Vertrauen
und sah mir unverwandt ins Aug'.

War es ein Kind,
ein Traumgebild,
ein überirdisch' Wesen,
das uns an solchem Ort
mit hellem Blick
und klarem Wort
empfing?

Ich weiß es nicht.

Wer aber könnte solch ein Wunder tun?

Ich konnt' es nicht!

Doch überkam mich ein Verlangen,
die Prüfung dieses Ortes zu bestehen,
den Bann der Großen Feuerfrau zu brechen
mit reiner Tat.

Da kam mir wieder in den Sinn
mein Becher.
Ich holte schüchtern ihn hervor,
und leise sang ich vor mich hin:

> „Du Quell der Wahrheit,
> Strom des Lebens,
> Bronn der Liebe,
> Wein, der Wunder schafft,
> wer zu dir strebt,
> wer mit dir lebt,
> fleht nicht vergebens –
> zerbrich des alten Feuers Macht –
> füll uns den Becher
> mit deiner Kraft!"

Aus vollem Herzen sang ich mein kleines Lied,
bis still die Nacht herniedersank,
da war gefüllt der Becher bis zum Rand.
Und ich ging hin,
den Strom des Lebens
aufs Land zu gießen.
Und wo die Tropfen fielen in den Sand,
begann es überall zu keimen
und zu sprießen...

Doch noch viel mehr geschah!

Von meinem Lied
zerbrach der Bann der Feuerfrau
und sie bereute.
Und aus den Steinen kamen Tränen,
die erst zum Rinnsal,
dann zu Bächlein sich vereinten.
Ja, selbst der Himmel
ballte sich zu Wolken
und mußte weinen –

Ein Wunder war geschehn!

Der Graben füllte sich.
Das Flußbett schwoll zum Strom;
der sättigte das Land,
und überall quoll neues Leben –

Wo aber war das Kind geblieben?

Wir haben's lang gesucht,
mein grauer Freund und ich,
und nicht gefunden.

Doch bei dem alten Boot
wuchs eine Blume
mit sieben Blättern,
licht und rein wie Schnee,
voll Duft und zartem Angesicht.

Das war *sein* Siegel...

Die Blume pflückte ich
und trug sie fortan an der Brust
als mein Geheimnis.

Dann ritt ich auf dem Eselein
wohl sieben Tage lang,
immer dem Strom entlang
durch fruchtbar weites Land,
bis wir im Morgendämmer
am neuen Tag
die funkelnd hellen Zinnen
einer Stadt erspähten,
die aus der Ferne
gar prächtig anzuschauen war.

Ich freute mich
nach langem Ritt
auf Rast und Gastfreundschaft.
So spornte ich mein Grautier an
zur Eile.
Doch diesmal wollt' es nicht,
und bockend blieb es stehn.

„Was ist mit dir?" fragt' ich.

„Für heut ist's besser,
wir gehn *nicht* in diese Stadt!"
so sprach's.
Doch dieser Rat mißfiel mir sehr.
„Ich geh' allein", sagt' ich voll Ungeduld.
„Gut, geh allein", gab ruhig es zur Antwort.

Da machte ich mich auf den Weg
und ging allein.

Ich wanderte mit meinem Stecken
durch üppig grüne Haine,
bis ich von einem Hügel aus
die vierundachtzig Türme
der stolzen Stadt
mit Freude zählen konnte.

Da – plötzlich –
warf ein Donner mich zu Boden,
und eine Feuersäule
stieg von der Stadt zum Himmel
und hüllte sie in Rauch und Flammen.

Auch drang von fern
ein fürchterliches Schreien an mein Ohr
von Mensch und Tier,
die mit der Feuersbrunst
ums nackte Leben rangen.

Entsetzt von diesem Schreckenslos der Stadt,
verharrte ich auf jenem Hügel
der Ohnmacht nahe,
bis sie in Schutt und Asche lag.

Da kam mein Eselein herzugelaufen
und blickte mich mit treuen Augen an:
„Das war es –" sprach's.

Ich küßte ihm voll Dankbarkeit die Stirn
und kraulte ihm noch lang das Fell.

Dann bahnten wir zusammen
durch Qualm und Schutt,
durch Schwelenglut
geborstner Mauern,
verglimmendes Gebälk,
verkohlte Trümmer,
uns einen Weg,
bis wir zum Kern der Stadt,
zu jener Stätte kamen,
wo gestern noch
mit achtzehn Kuppeln stand
der prunkvolle Palast.

Auf einer rauchgeschwärzten Säule
saß einsam da ein alter Mann,
einem zerlumpten Bettler gleich,
mit ganz versengtem Haar
und schreckensbleich.

„Welch grausames Los traf diese Stadt – ?"
fragt' ich den Alten.

„Weh! Weh!" so klagte er,
„sie war das Prunkstück eines Herrschers,
der selbst sich *Weltenkaiser* nannte,
doch gegen die Natur und unsren Himmel
sich wie ein Narr verrannte!
Der mit geheimen Kräften experimentierte,
mit Macht und Wissen eisig spekulierte
und – toll geworden –
in den Untergang sein Volk regierte...
Und was sucht *Ihr* an solchem Schreckensort?"

„Nur auf der Durchreis' sind wir hier,
der innern Stimme folgend –
dem *Lichtschatz* auf der Spur,
den ich verloren einst,
nun wieder finden muß",
gab ich zur Antwort leis.

Da griff der Alte fest nach meiner Hand
und ließ nicht los:
„Ich bitte euch,
erzählt mir doch von diesem Schatz!"

Da war ich still;
denn nichts wußt' ich zu sagen.
Nach einer Weile erst
kam's wie von selbst mir von den Lippen:

„Die *goldne Himmelsfrucht* wird er genannt,
der *Stein der Weisen* oder *Perle* auch;
doch da ich selbst ein Pilger auf dem Wege bin,
kann ich's nur schwer beschreiben:

Wo alles Ding der Welt
sich dir als wahnvoll' Bild enthüllt,
beginnt seine Spur.

Wo dir ein Becher wird gereicht
aus reiner Wahrheit Quell,
beginnt seine Kraft.

Wo alle Wissensmacht der Welt
für Stümperwerk dir gilt,
beginnt seine Weisheit.

Wo dir der Duft der Rose
im Inneren vier Pfade kreuzt,
beginnt sein Atem.

Wo der Vergangenheit Schatten
den Dunst der Zukunft streift,
beginnt sein strahlendes Jetzt.

Wo sich das höchste Wissen
vor dem geringsten Wesen neigt,
beginnt seine Liebe.

Wo dir das Sonnenwort
im stillen Herzen klingt,
beginnt sein Geheimnis…"

Als ich nun schwieg,
begann der Alte jämmerlich zu stöhnen:

„*Ich – Ich* war es,
der – toll geworden – diese Stadt
in Schutt und Asche legte
mit aller Kunst des Bösen – "

Von Schuld gequält,
von Einsicht tief erschüttert,
sank er gebrochen in die Knie:
„Mein Gott, wie kann ich sühnen solche Tat – ?"

Wir schwiegen lang und lauschten,
ob eine Antwort käm' – vergeblich.
Ein wimmernd' Echo nur
hallt' öde aus den Trümmern.

Da stützte ich den Alten
und gab ihm aus dem Kelch zu trinken,
damit – so Gott es wollte –
ein Lichtstrahl fiel' in sein umnachtet' Herz.

Er dankte schweigend,
bat uns zu warten und wankte fort.
Nach einer Weile kam er wieder
mit einem leuchtenden Rubin,
groß wie ein Ei, und sprach:
„Dies ist – von Flammen unversehrt –
zurückgeblieben.
Es ist der Feuerstein,
der einst vom Himmel fiel
aus eines Engels Stirnenband,
als dieser gegen Gott sich wandt' –
Euch bringe er Segen!"

Ich nahm den sonderbaren Stein
– soll Fluch in Heil sich wandeln! –
und zeigte dem gebrochnen Mann
auf meiner Brust
die weiße Blume.
Ihr Duft, ihr milder Schein,
drang in ihn ein.

Da tat sein Herz sich auf.

Und dann – wir schieden.

So ließen wir im Rücken
die abgebrannte Stätte,
die gestern noch *Kingtscharnobiliskan*,
die *Weltenkaiserstadt* sich nannte
und zogen weiter ostwärts
wohl fast drei Monde lang.

Im monotonen Trabe meines Grautiers
träumt' ich so vor mich hin,
als plötzlich,
wie aus dem Boden aufgeschossen,
uns eisig scharfer Wind umzingelte
und mit den Nadeln seines Zorns
uns angriffslustig um die Ohren blies.

Er zog und zerrte uns
und, wie mit einem Bällchen spielend,
trieb er uns spöttisch vor sich her.

Um ihn zu fliehen,
warfen wir uns zu Boden;
da trafen seine Pfeile
mit klirrendem Gelächter
uns von oben.

Wir sprangen taumelnd auf
und stürzten eilig weiter,
bis wir zu Tod erschöpft
zu einem Felsenkarst gelangten,
der unabsehbar weit
nach Süden sich erstreckte.

Dort wähnten wir uns sicher.
Doch kam der Sturm von neuem
aus Schluchten, Schlünden, Klüften.
Noch lang hat er uns da
mit Hohngepfeif und Zorngeheul
und wilden Peitschenhieben
von einem Felsenstumpf
zum anderen getrieben.

Erst jetzt kam mir mit Schaudern
in den verwirrten Sinn:
Man hat mit List und Tücke
uns arme Wanderer gefangen
im *Labyrinth der Winddämonen*.

Dort, ging die Sage,
war der verruchte Sammelhort
von mächtigen Äonen
und ihren Geisterkönigen
mit tausenden Legionen
verstorbner Seelen.

Kein Lebender wagt sich dort hin!

Zum Glück
war uns in jener Nacht
der Himmel wohlgesonnen
mit seinem Sternenreigen,
um uns in einem Fels-Pentakel
ein schützendes Versteck zu zeigen.

Dort bargen wir uns vor dem Sturm
und waren dem Dämonenzorn
und seinem bösen Spiel
für eine Weil' entronnen.

*I*n dem Verstecke
ruhten wir
und labten uns,
nach innigem Gebet,
aus meinem Becher
mit neuer Kraft.

Hoch über unsrem Haupt
in einem Felsenspalt
erblickte ich
den funkelnd hellen Stern,
der uns beschirmte.

Wir mußten tief,
wer weiß wie lang,
im Schlaf gelegen haben,
als ich erwacht'
von einer Stimm',
so klar und mild,
wie ich zuvor
nie Ähnliches vernommen:

„Fürchte dich nicht, o Freund!
Doch freue dich,
daß du hierher gekommen bist
zur rechten Zeit.
Weit mehr als tausend Jahre
geb ich mich hier gefangen
und harre eines Menschen,
der mich befreit."

„Wer bist du – ?" rief ich hoch erfreut.

„Ich bin die Wahrheit
im Gewand des Adlers,
herabgeflogen aus dem Licht.

Ich bin die Botschaft
aus dem Königreich des Vaters,
an den verlornen Sohn.

Ich bin die Weisheit,
die am Felsen hängt
und sichren Weg zum Vater kennt.

Ich bin die Liebe,
die der Schlange sich
zum Opfer gab – des Sohnes wegen.

Ich bin des Vaters Wille,
der hat im hohen Nest
die Lichtperle bewahrt.

Ich bin die Kraft der Stille,
die den Sohn ruft,
daß er erwacht.

Ich bin ein Strahl
der Königsmacht,
der harrt, dich heim zu bringen –

der *Adler* bin ich – !"

Dann ward es still.

Zutiefst getroffen rief ich:
„Wo bist du, Adler – wie kann ich dich finden?"

Doch nur mein Echo kam zurück.
Dann tiefes Schweigen.

Da wollte ich sogleich
den Felsenschlupf verlassen.
Doch streckte ich den Kopf hinaus,
schwirrten mir Pfeile
des Sturms entgegen.
Drum blieben wir
und harrten
auf den gelegnen Augenblick.

Als in der dritten Nacht
der Stern hell droben stand,
da stieß mein Esel mich
im Dämmerschlafe an
und sagte „Horch!
Hörst du die Geisterkönige nicht?
Sie woll'n dich sprechen!"

Ich aber hörte nichts
als nur ein Knistern, Säuseln, Pfeifen –
und dämmerte weiter vor mich hin.

Nach einer Weile
gab mir mein Esel
von neuem einen Stoß:
„Schau hin!
Jetzt kommen sie uns gar besuchen – "

Da rieb ich mir die Augen
und blickte scharf umher:

Ich sah aus Felsenritzen
im Dämmerschein hervormarschieren
viel tausend schwarze, winzige Soldaten
in langen Reihn,
um meine Füße sich formieren
zur Schlachtordnung –

Ein Grausen überkam mich,
als unser Los ich vor uns sah;
denn dies war'n die verrufnen
Aas-Ameisen,
die in Sekundenschnelle
alles bis aufs Skelett verspeisen.

Schon wollt' ich mit dem Fuß
wild um mich treten,
als nun zum dritten Mal mein Esel,
doch diesmal mit dem Huf, mich mahnte:
„Horch, was die Geisterwelt dir sagen will!"

Ich beugte mich recht tief hinab,
bis ich vernahm
in jenem Knistern und Gepfeif
ein deutlich Drohen.
Es war'n die Windgewalten
und Könige der Geister,
die sich im Reiche der Dämonen
zu Ungeziefer gerne umgestalten.
Als Ameisenlegionen
brachten sie nun im Chor
ihre Drohung vor.

Sie drohten also,
uns in Blitzesschnelle
bis auf die Knochen zu verzehren,
wenn ich den Becher,
den ich bei mir trüge,
nicht auf der Stelle
in ihre Mitte setzen würde – !

Den *Becher*!

Das also war das Ziel der Jagd,
die Absicht des Dämonenspiels,
mit List und Tücke
den Quell der Kraft,
den Kelch des Heils
an sich zu bringen…

Noch eh ich recht begriff
dies freche Spiel
und ratlos zögernd
eine Antwort mir erwog,
vernahm ich wiederum,
ganz hell und klar
von innenher
die Stimm' des Adlers:

„*Jetzt* ist der Augenblick, mein Feund –
komm her zu mir!"

„Ich komme – ", rief ich.
„Lieber Vater, laß Deinen Willen nun geschehen!"

So griff ich nach dem Becher
und hielt ihn fest in meiner Hand,
dann stieg ich schnell auf meinen Esel
und flüsterte: „Nun laß uns gehn!"

Und während er mit einem Satz
nach draußen sprang,
sprengt' ich aus vollem Becher
mit innigem Flehn
die Wundertropfen um uns her.

Da wichen entsetzt
die Ameisenscharen,
in wilder Flucht
die Winddämonen
und ihre Äonen,
die Könige der Geister
mit ihren Legionen,
sie wichen entsetzt
mit lautem Geheul
vor den tropfenden Flammen
des lebenden Wassers,
die ihnen den Atem nahmen...

So bahnte uns der Becher
mit reiner Kraft
und Gottes Hilfe
den freien Pfad.

Und – vorerst – wir entkamen.

Wir zogen gelassen
durchs Felslabyrinth,
das sich in Spiralen,
so schien es mir,
hoch wand und höher.

Auch war'n Hieroglyphen
mal da, mal dort,
in Fels geritzt,
die uns zu höheren Felsmassiven
verborgnen Durchgang wiesen.

Als wir sechs Windungen erklommen,
sind wir am Ende müd und matt
zu einem riesig hohen Wall
von einer Felsfestung gekommen.

Wie sollt' es weitergehn?

Als ich nach unten schaute
in schwindelnde Tiefen,
entdeckte ich zwischen den Felsen
grimmige Fratzen, hämisch lauernd,
und übers graue Meer der Steine
bewegte sich näher
das greuliche Insektenheer.

„Bis hier und nicht weiter",
sagte mein Esel.

Zu meinem Schrecken mußt' ich sehn:
mein Grautier hinkte.
Am linken Hinterhuf fand ich die Wunde
vom Biß der Ameisen...

Rasch auf die Wunde
ein Balsamtröpflein
und sanft mit dem Rubin
darüber gestrichen.
Doch alles vergeblich.
Mein Eselchen legt' sich
und sagte leis und fest:

„Ich bleibe hier.
Geh du allein weiter
mit Gottes Kraft.
Ich sterbe – zu deinem Heil,
du wirst es noch sehn!"

Das traf mich hart.
Wie weh ward mir
bei solchem Freundeswort.

Doch fühlte ich
nach altem Sterngesetz,
daß es so kommen mußt'.

Ich gab dem Gefährten den Bruderkuß
und dankte ihm für seine Treue,
legt' ihm die weiße Blume
an die Brust –
und er verschied.

Dann trennten wir uns.

Denn wieder vernahm ich die Stimme des Adlers
„Komm, Sohn des Vaters, 's ist hohe Zeit!"

Verzweifelt suchte ich im Felsenwall
nach einem Aufstieg –
es war alles vergebens.
Schwarz wie Onyx war die Wand
und glatt wie Kristall.
Nicht Zacken noch Kerbe bot sie
für Hand und Fuß.

Wie sollt' ich sie erklimmen?
Verloren stand ich davor.
War dies das Ende?

Und drunten die Ameisenheere,
sie kamen näher –

Ich stieg den Felsenwall entlang
und maß von einem Eck zum andern
gut neunundneunzig Schritt.

Endlich entdeckte ich in Stein geritzt
ein Kreuz mit einer Blume in der Mitte.
Das gab mir Mut.

Und siehe da: im Felsen ein Riß!
Drei Hände breit,
senkrecht nach oben
durch die Wand!

Doch eh ich weiter stieg,
schaut' ich hinüber zu dem Ort,
wo ich vom Freunde schied,
und Schaudern packte mich:

Denn dort lag schon
ein blank genagtes Skelett...

So hatte mein Eselein sich hingegeben
für mein Leben –

Ich zwängte mich nun in den Riß
und zog und stemmte mich
mit hoffnungsvoller Kraft
fast hundert Meter hoch.

Wie ich es schaffte, weiß ich nicht.

Mehr tot als lebend
kroch ich aufs freie Felsplateau,
und meine Augen wurden groß –
welch eine Sicht!

Als läge mir die Welt zu Füßen...

Und fern am Weltenhorizont
tauchte ins Feuernebelmeer
der glühende Sonnenball!
Welch urgewaltig Bild!

Unendlich klein kam ich mir vor.

Hoch über mir
im milden Violett des Himmels
ging auf der Stern –

Da drang ans Ohr mir deutlich nah
die Stimme: „So bist du da –"
Ich wendete mich um –
und auf dem Felsentisch
des Festungsquaders
lag vor mir eine Riesen-Echse –
im Kreis sich schlingend
um ein Fels-Mal,
das wuchtig in die Höhe ragte
zu einem T.

Auf diesem Mal stand unbewegt
mit mächtigen Schwingen,
gefesselt am Gelenk
mit schwerem Eisenring
und wundenübersät – der *Adler*.

„Fürchte dich nicht – komm zu mir!"
sprach er.

Der Strahl des Adlerauges
drang mir ins Mark.

Mit tapfrem Schritt,
wenn auch mit Beben,
trat näher ich
dem schwarzen Schuppenring
der Riesen-Echse,
die ohne End' und Anfang
mit ihrem Schwanz
im eignen Rachen hing.

An hornigen Platten
zog ich mich lautlos hoch
und roch darin
den heißen Schwefelschweiß
verglühenden Weltentraums.

Ich schwang mich nun geschwind
mit einem Satz hinüber,
kam vor dem Mal zu stehn
und blickte auf zu ihm...

Welch reiner Atem, mild und weise,
hielt mich da umfangen!

Der Adler sprach:
„Bist du bereit zur Tat?"

Mit meinem Herzen
sah ich auf zu ihm
– hoch oben glänzte klar der Stern –
und sagte „*Ja*"!

„Hör", fuhr der Adler fort,
„aus freiem Willen gab ich mich
der Welt gefangen,
damit im Menschenherzen
die Saat der Liebe sich entfalte
und es entflamme zur befreienden Tat."

Von solchem Wort entbrannt,
stellt' ich den Becher vor den Stein
und legte den Rubin hinein:

„Ich bin bereit.
Laß mich dich schnell befrein!"

„Bist du bereit,
für deine Menschenbrüder
die gleiche Tat zu tun wie ich – ?
Dann steig herauf
und löse mir die Fessel
und leg sie selbst dir an...!"

Als ich dies Wort vernahm,
da schob ein Wolkenschleier
sich vor die Sterne.

Ein Schaudern
vor dem Los der Einsamkeit
fuhr wie ein Dorn
mir durch die Brust.

Der Zweifel stach mich:
Sollte all mein Mühen
um die Himmelsfrucht
umsonst gewesen sein?
War mir zu solchem Ende
mein Suchen nun zerronnen?
Welch finstre Woge
war da über mich gekommen!

Der Adler aber, der mein Zaudern sah,
sprach unaussprechlich mild:

„So kehre um, mein Freund,
wenn dir die Tat zu schwer.
Ich werde deiner harren
auf einen fernren Tag..."

Dies sanfte Wort,
es traf mich wie ein Blitzstrahl.

Erst jetzt erahnte ich den Sinn des Opfers –
Sein wunderbar' Geheimnis
tat sich vor mir auf:

Die Liebe Gottes.

Tief neigte ich mein Haupt
und bat: „Vater, vergib!"

Und dann vollbrachte ich die Tat.

Am Fels-Mal zog ich mich empor
und löste vom Gelenk des Adlers
den Eisenring.

Dann – war nur Stille über mir,
unendlich rein.
Ich legte meinen Fuß
in jenen Ring hinein
und schloß ihn ein.

Nun trug ich selbst das Joch –
war eingeschlossen in die Opferkette
um aller Menschenbrüder willen –
um sie zu rufen, Leid zu stillen und zu retten,
wo Pilger irrend ihren Heimweg suchen...

Der Adler aber,
jetzt vom Ring befreit,
taucht' in den Becher
und heilte seine Wunden.
Er trank den Wein.
Den Feuerstein, den aß er auf.

Dann spreizte er die Schwingen
und hob ihn Ruhe an,
sein Sonnenlied zu singen:

>"Vom ewigen Juwelenbaum
>ein Perlein fiel in Zeit und Raum.
>Und mit ihm fiel das Menschenherz
>in Weltennacht und Todesschmerz.
>
>Doch Sonnensonne suchet weit
>mit ihrem Strahl durch Raum und Zeit,
>bis sie das Perlein hat gefunden
>und's Menschenherz, das überwunden.
>
>Aus Nacht und Tod nun himmelwärts
>trägt auf dem Strahl das Menschenherz
>sein Perlein heim ins Sonnenreich
>und hängt es an den Baum sogleich."

Nach seinem Lied,
das mir wie Balsam
tief ins Herz gedrungen,
weil es so sonnenklar geklungen,
rief mir der Adler zu:

„Jetzt, Bruder, komm!
Laß uns zusammen fliegen
zum Himmelsberg – !"

Zum Himmelsberg?
Wie sollte dies geschehn
mit meinem Fuß im Ring
am Felsen festgeschmiedet?

O unbegreiflich Wunder – !

Wenn auch mein Leib am Felsen hing,
im Opferwillen zugewandt der Erde,
so war doch meine Seel' vor Lieb'
zum Himmel hin entflammt –

Ihr wuchsen nun zwei prächtige Schwingen!

Die hob und senkte ich
und löste mich vom Fels
mit feinem Schwingenleib –
und flog mit ihm,
dem *Adler*,
das Reich der Nacht durchdringend,
ins Morgendämmerglühn…

Tief unter uns
lag schaumgekräuselt
ein Nebelmeer:
die Welt des Wahns.

Hoch über uns erglänzte
der grenzenlose Raum im Licht.

Wie lang wir flogen – weiß ich nicht,
da Tag und Stunden
nicht länger mit uns zogen.

Hier an des Adlers Seite
ward mir erst bewußt,
wie alle Welten sich durchdringen,
in sieben Kugeln ineinanderschwingen
und kreisend im Spiralengang sich biegen
um *einen* Mittelpunkt im All:
die *Sonnensonne.*

Die Sonne,
die in des Menschen Brust
als Gottesfunken widerstrahlt.

Die Sonne,
die das All zum Leben drängt.

Die Sonne,
die erkannt sein will
von allen Wesen –
sich offenbaren will
in aller Schöpfung
als Gottes Liebe, Geist und Leben.

Wie herrlich war's,
so schwerelos und frei
mit weichem Schwingenschlag
an des Gefährten Seite
durch den Azur zu gleiten
und zu schweben –

Doch einmal nahten wir
uns einem mächtigen Gebirge.

Wohl tausend Gipfel
lagen unter uns,
in ewigen Schnee gehüllt.
Der höchste nun,
den er zum Ziel erkor,
das war der *Himmelsberg.*

Dort ließen wir uns
langsam kreisend nieder.

An einer Gipfelfalte,
nah einem Gletscherhang,
in windgeschützter Felsenspalte,
dort lag sein Horst.

„Nun komm und sieh!" sprach er
und zeigte mir sein Nest.

Zuerst sah ich nur knorriges Geäst.
Doch als ich näher mich darüber neigte,
fand ich gebettet zwischen Moos und Zweigen
in einer samtig grünen Mulde

ein leuchtend Ding –

so strahlend schön,
so rund und rein,
daß nie ich Ähnliches gesehn,
das schöner, runder, reiner könnte sein –

„Dies nimm von mir zum Dank
und bring es deinem Vater!"
sagte der Adler.

Und als ich jubelnd es entgegennahm,
schloß ich,
geblendet von dem Glanz,
die Augen...

Die Perle war's!

Die langersehnte Himmelsfrucht!

Der Stein der Weisen!

Welch eine Kraft,
welch' Licht durchströmt' mich da!

Mein Sonnenauge wachte auf!

Ich tauchte ein
ins Meer der goldnen Flammen
und ward getragen
durchs Feuerbad der Wandlung
empor durch sieben Kreise
dorthin,
wo meine Reise einst begann...

*U*nd wieder
wie im Urbeginn
steh ich im Garten
meines Königs *Man*.

Dort steht der alte Baum.
Im Brunnen klingt der Quell.
Das Land liegt da im Taugewand
wie eine Braut im Schleier,
und in Myriaden Perlen
bricht funkelnd hell
die Sonne sich.
Im Glanz des Morgenlichts
erwachen voller Duft die Rosen
und alle Vögel jubeln froh im Chor.

Ja, ich bin heimgekommen in mein Vaterland!

Ich trage wiederum
ein strahlendes Gewand,
juwelenübersät,
und eine Kron'

und bin *Mantao*,

meines Königs Sohn –

Und vor mir steht mein Vater,
wie ehedem,
als wäre nichts geschehn.

In meiner Hand halt' ich
die schönste Frucht vom alten Baum.
Die reich' ich ihm voll Freude hin.

Mein Vater nimmt sie
lächelnd von mir an
und spricht:

„Mein lieber Sohn – ich freue mich.
Hast du ergründet nun die *Zeit*?"

„O Vater", sag ich leise,
„du hast mich eingeweiht
in ihr Geheimnis
auf *deine* Weise.
Tief war mein Fall.
Der Weg war lang.
Und wundersam die Reise.
Laß dir erzählen, was geschah…"

Bei diesem Wort
tritt ein ins Gartenrund
die *Stille*,
meine Mutter,
und küßt mich auf den Mund.

Ich schweig mit Wonne.

Dann lauschen wir zu dritt
beim Brunnenquell
im alten Baum
dem Jubellied
der Vögel Seraphim und Cherubim
zum Ruhm der Sonnensonne…

Ex Deo nascimur.
In Jesu morimur.
Per Spiritum Sanctum
reviviscimus.